성연 시인선 27

바람을 안고 자는 하루

김혜숙 시집

도서출판 성연

2 | 바람을 안고 자는 하루

시인의 말

바람을 안고 자는 하루

세찬 바람 속에서도 꽃을 피우듯, 힘든 삶 속에서도 희망을 잃지 않고 살아갑니다.

지친 날엔 한두 마디 말이 위로가 되고, 고단한 하루는 삶의 밑거름이 되어 언젠가 윤슬처럼 빛날 것이라 믿습니다.

신호등 앞에서 잠시 멈추듯, 쉼표가 필요한 순간들을 통해 삶을 배우고, 시를 쓰며 마음을 다독입니다.
아픈 운명이 발목을 잡아도 "풍금 소리 같은 마음"으로, 더 나은 내일을 꿈꾸는 꽃중년의 하루입니다.

살다 보면 태풍 같은 시련도 오지만, 그것이 곧 나를 강하게 만드는 바람이라 생각하며, 긍정의 힘으로 견뎌냅니다.
이 첫 시집은 제 인생의 첫 사랑이자 첫눈처럼 설레는 기록입니다. 부족한 저를 응원해주신 모든 분께 깊이 감사드립니다.

2025년 6월 김혜숙 올림

시인의 말 · 3
목차 · 4

1부. 꽃 무릇 편지

꽃 당신 · 10
솔방울 · 11
하늘에서 칡 향기 · 12
메꽃처럼 저랬으면 · 14
가을은 아름다워 · 15
문주란 · 16
노랑나비 1 · 18
노랑나비 2 · 19
누가 아름답다 했던가 · 20
꽃무릇 편지 · 22
책 향기 · 23
꽃섬 · 24
무청 · 26
우포야 우지마라 · 27
들국화 · 28
시 낭송하는 날에 · 29
당신은 알까 · 30
내 사랑 버들치 · 32
부자가 되고 싶다 · 34
홍시의 꿈 · 35

2부. 자주 및 연서

들꽃이 되리라 · 38
당신만 있으면 · 40
앵두반지 · 42
꽃잎이 흩날이네요 · 43
늙은 호박 · 44
그대가 온다 · 45
바람이 분다 · 46
연못에는 늘 연꽃이 · 48
핀다
그늘집 · 50
오래된 아까시아 꽃술 · 51
낙동강 너는 말이 · 52
없구나
하눌타리 · 54
목화솜 편지 · 56
자줏빛 연서 · 57
가시의 이유 · 58
섬꽃 · 59
사루비아 꽃을 든 여자 · 60
연보라 빛 비단보 · 62
원앙새 사랑 · 64

3부. 무거운 인생

시 향기 꽃밭에 앉아서 • 68
분위기 좋은 날에 • 69
봄꽃 진달래 • 70
철교야 잘있느냐 • 72
똥별이 뜬다 • 73
하늘 꽃물 • 74
바닷가에서 • 76
여섯줄 • 78
무거운 인생아 • 79
구절초 한잎 • 80
비단풀 • 82
젖은 낙엽 • 83
오랫동안 보고 싶다 • 84
시(詩)집 오던 날에 • 86
봄 햇살 속으로 • 88
겁먹지마라 • 90
붉은단심 • 91
무지개가 보인다 • 92
꽃불 • 94

4부. 하얀 그리움

이슬에 맺힌 낮은 사랑 꽃 • 98
양귀비꽃이 필 때 • 100
꽃님 • 102
찔레꽃 • 104
7월의 붉은 여름 • 105
바람을 안고 자는 하루 • 106
달아 • 108
연한 사랑으로 • 109
가을의 고백 • 110
추명국 • 111
안개꽃 하얀미소 • 112
하얀 그리움 • 114
첫눈처럼 • 116
은행나무 • 118
젖은 낙엽 • 119
시절이연 • 120
오랫동안 보고 싶다 • 121
여보세요 • 122
무명초 인연 • 123

5부. 바람을 안고 자는 하루/ 김혜숙 시집 시 해설

1 | -삶의 폭풍과 바람을 외면하지 않는 내면의 회복 탄력성-
  -예시원(시인, 소설가. 문학평론가)문학박사 • 126

얼굴이 못생긴 날은
꽃모자를 쓴다
그냥 보이면 될 것을
오늘도 숨기며 산다

예쁘지 않는 날엔
억지로 웃는다
그냥 있어도 되는데
자꾸만 그쪽으로 물들어간다
가을향기 풍기는 날에

못 나면 어때
예쁘지 않으면 어때
나를 사랑하는 날
분위기가 좋은 날엔
아픈 사랑을 부여 잡고
홍주 한 잔에 사랑을 그린다

『분위기 좋은 날은』 전문

| 1부 |

꽃무릇 편지

01 | 꽃당신
02 | 솔방울
03 | 하늘에서 칡꽃 향기
04 | 메꽃처럼 저랬으면
05 | 가을은 아름다워라
06 | 문주란
07 | 노랑나비 1
08 | 노랑나비 2
09 | 누가 아름답다 했는가
10 | 꽃무릇 편지
11 | 책 향기
12 | 꽃섬
13 | 무청
14 | 우포야 우지 마라
15 | 들국화
16 | 시 낭송하는 날에
17 | 당신은 알까
18 | 내 사랑 버들치
19 | 부자가 되고 싶다
20 | 홍시의 꿈

꽃 당신

그대는
연홍빛 노을처럼
조용히 피어난 사람.

기쁨은 웃음이 되고
슬픔은 손등을 덮었지요.

상처 없이 묶은 리본 같은 위로,
나는 그대 곁에서
울음도 꽃처럼 들었습니다.

하루가 지쳐 무너져도
그대 향이
내 걸음을 일으켰습니다.

변해도
변하지 않는 마음,
그대는 내 삶의
고운 선물입니다.

지지 마세요, 꽃당신.
잊지 않겠습니다.

솔방울

시끄러운 세상 속
솔잎은 조용히 숨을 고른다.

바쁨에 지친 내 하루,
산길의 솔방울 하나
오래 외면한 나를
조용히 들여다본다.

투정부리던 마음이
맑아지고,
가슴은 당신의 기도처럼
향기로워진다.

지나간 오만 위에
솔향기 파도친다.

이제는
솔방울처럼—
오래 볼수록 깊어지는
그런 사람이 되고 싶다.

하늘에서 칡꽃 향기

못생긴 덤불 아래
나는 보랏빛 편지를 쓴다.
그대는 모른다
칡꽃 향기가 얼마나
사랑을 앓는지.

햇살 뒤엉킨
당신 등 뒤로
자주빛 내가 흐른다.

비밀스러운 여자,
들킬까 봐
향기로만 웃는다.

갈등은 꼬인 덩굴처럼,
고단한 마음은
간이역 바람처럼 쉰다.

속이지 마라,
이 사랑.

보고 싶어
떠날 수도 없는
한여름 내 마음.
기다린다.
타들어 간다.
멍에처럼
그대가 또 나를 가린다.

메꽃처럼 저랬으면

하늘서 꽃비가 내리면
내 가슴엔 술이 됩니다.

보석처럼 웃는 너,
나는 빗물처럼 젖어만 가네.
저렇게만, 나도…
초조한 약속만 쓴다.

흔하되 없는 메꽃,
피지 않은 나팔은
너를 향해 '가라' 하고
나는 저무는 노을에 우네.

빈 들녘에 핀 너를 보고,
비단보 같은 그 얼굴을
향기처럼 숨겨본다.

분홍빛 꽃비 흘러
연두가 되고,
그리움은 애가 탄다.

가을은 아름다워라

지리산 둘레길엔
빛이 내려앉는다 —
물소린 바람의 악기,
들꽃 향은 입 안에서 노래가 된다.

지저귀는 새 한 마리,
그대 마음을 닮았구나.
짙은 그리움의 붉은 순정,
가을은 그렇게 내게로 스민다.

솔솔 향기 나는 가을님,
서리꽃 물든 치마 끝,
그대는 가을의 참빛이시여.

속울음처럼 감춘 하얀 승무 고깔,
촛불로 타오르는 향 —
신비한 사랑의 불심일까.

풀밭 아래 작은 꽃잎 하나,
이름 모를 생의 마음을 담아
나는 오늘,
한 송이 방생꽃을 피운다.

문주란

파도처럼
숨 가쁜 하루가 몰아칠 때,

무채색 세상에
당신에게 주고 싶은 건
하얀 진심 — 문주란.

쓰러질 듯 걸어가는 길목마다
꽃 한 송이,
내 마음이 속삭인다.

괜찮아,
아직은 피어날 시간.
가슴아, 멀어지지 마.
우리는 뜨겁게 사랑할 운명이다.

비었지만
지우지 못할 길을 걷는다.
바람 같은 시간에 몸을 맡기고
빛바랜 삶의 틈에서
나는 문주란의 향을 찾는다.

엄마의 냄새처럼,
그리운 한 송이.
하얀 나비가 가볍게 날아오른다.

사랑받지 못한 시간도 있었지.
그래도 너는
나의 하얀 문주란.

지금은 말하리 —
아프지 말자,
참 많이
보고 싶었다.

노랑나비 1

가을이
당신의 미소를 접고
노랗게 날아갑니다.

소담했던 날들,
소박했던 사랑—
그 모든 순간이
감사였습니다.

진심은
진한 빛으로 남고,
당신은
한 마리 나비 되어
훨훨 겨울 너머로 떠났지요.

그리움은
책갈피 속에 눕고,
나는
당신의 계절을
조용히 넘깁니다.

노랑나비 2

저문 마음 위에 당신 향기가 내려
나는 오늘도 빛 바랜 그리움을 걷습니다.

한 겹, 두 겹 잎을 벗는 나무들처럼
내 마음도 조금씩 비워지지만

당신 얼굴은 가을꽃처럼 선명해
서쪽 하늘 젖은 별빛에도
흔들리는 그리움이 됩니다.

돌아가는 길이 정말 있을까요
바람에 쓸린 이 마음,
다시 당신에게 닿을 수 있을까요.

내 안의 노랑나비여,
세상에서 가장 찬란한 그대여,
눈부신 계절로 나를 물들인 너는
벵골보리수 그늘에 숨어
여전히, 나를 바라보고 있을까요.

누가 아름답다 했는가

오, 붉은 동백이여
가끔은 당신이 되어
나를 바라보지요.

그리움은 여울이 되어
오늘 가면 내일을 떠나고
노랗게 물든 술잔엔
붉은 마음이 넘칩니다.

금방 터질 듯한 눈물도
진한 정에 묻혀 들키지 않도록
빨갛게 물들지요.

여기까지 오는 길,
얼마나 숨 가빴을까요.
누가 그대를
그토록 아름답다 했던가요.

노을 속
당신의 순정 빛 목소리,
기우는 달빛처럼
창가에 스며듭니다.

솔솔 불어오는
붉은 꽃바람—
내 곁에 오래 머물다
서러운 마중이 되었을까요.

울음을 삼키고
멀리서 바라만 보는
그대,
감춰진 나의
붉은 사랑빛이여.

꽃무릇 편지

선운사 길목엔
아직도 기다림 하나 붉게 핀다.
어쩌다 그대를 만났는가
가시처럼 솟은 흔들림
그 꽃대마다 말이 없다.
약속은 그대 없는 강물처럼
자꾸만 저무는 빛으로 흐르고,
붉은 눈물만 가슴에 번진다.
또 속였지요 이 가을에도,
당신은 말라가는 꽃잎에 거짓을 심는다.
그래도 속아 주는 내 사랑아
무릇, 무릇 이토록 붉게 물든 마음이면
그게 사랑이지.
잘 살아라. 그 말 뒤에 숨어
나는 다홍빛 언약으로 조용히 져간다.
처음엔 분홍인 줄 알았지
이제야 안다,
당신은 처음부터
붉은 사람이었다는 것을.

책 향기

사랑할수록 사랑스러운 사람이 될까요.
바다 같은 친절, 하늘 같은 존경
책 갈피마다 조용히 스며드는 향기.

청화백자 예쁜 접시 위에
나를 위한 찻잔을 올립니다.
뜨거운 물속에
사라지는 차 알갱이처럼
책 사랑은 곰취 내음 같네요.

급히 마시다 데인 입술처럼
생각에 잠기다 식어버린 마음,
찻잔을 저으면
파문처럼 일렁이는 하루.

갈피마다 밀물과 썰물,
희망이 춤추는 뜨락에서 울지 말아요.
좌절도 책머리 첫 마음이면 괜찮아요.

낮아진 자존감을
소리 내어 웃으며 안을 때,
희망은 조용히 피어나고
저무는 당신, 그래도 곱습니다.

꽃섬

아프지 마라.
눈물방울처럼 피어난 섬꽃 한 송이
내 삶이 애타도 그대 온다 믿기에
봄을 가슴에 숨겨둔다.

담장 위로 흘러내린 붉은 마음
첫 꽃말은 지워버리자.
지금까지가 아니라
지금부터가 참이었다는 걸
왜 나는 몰랐을까.

꽃별처럼
파도처럼
진하게 독하게 사랑했고
어느 순간이 가장 행복했을까.

그냥 저리 살다 갈 것을

툭, 꽃송이 하나 붉은 핏물을 쏟아낸다.
물들어 다오. 부디 잊지 마라.

세월이 가도 화무십일홍,
모든 것은 지나가고
모든 것은 잊혀가는데

추억은 찬란하다, 동백아.
흔들리지 말아라 붉게 바라보는 나,
상처마저 향기로운 섬백리향 꽃, 당신.

무청

나는 시래기다.
시리도록 아픈 눈동자여,
나는 나를 모른다.

해도 해도 끝이 없는 삶,
어찌 저리 매달리는가.
버리지 마라.
없어 보인다 해도
나는 있다.

얼마나 큰 태동을
속으로 품고 있는지
모르리라.
무청 시퍼런 이파리
그건 지는 해의 꽃노을이다.

저무는 그리움도
진한 연둣빛으로 남는다.
잘 살고 싶은데
잘 살고 있는 건가.
그래도, 너무 짧은 인생은
아니었기를.

우포야 우지 마라

오래오래 변치 않는 사랑은 없는 걸까.
기웃기웃 둘러봐도 너뿐이었다,
따옥따옥 소리쳐도 너밖에 없었다.

이제는 나도 나이 들고,
소리는 서산 갯마을 게처럼
옆으로 흘러가고, 눈 밑이 실룩이는 아픔만
우포까지 따라온다.

살아야 한다며 버둥대던 날들.
남은 건 숨 쉴 틈 없는 쓸쓸함.
그래도 한 번, 단 한 번이라도
너를 보듬고 싶었다.

우지 마라, 우포야. 운다고
따오기 깃빛이 바랠까.
산다 한들 그 옛날 사랑 그대로일까.

따오기 깃털은 오늘도 봄바람에 살랑이고,
그리움 한 움큼 네게로 물들어간다.
꽃물 든 꽃씨처럼 따오기여,
오늘은 좋아라.

들국화

아프고 쓰린데
언제 그랬냐는 듯
바람이 불어온다.
"어쩌면 좋냐"
물어보아도
아무 대답이 없다.

그런데도
아름답기도 하여라.
눈물 흘리며 떠난 이가
분단장 곱게 하고
웃고 서 있다.

님의 향기
문득 스쳐 화들짝,
춤추는 꽃잎의 물결.
다시 한 번 악을 쓰듯
활짝 피는 그대.

들국화가 나였으면
이토록
예쁠 수 있었을까.

시 낭송하는 날에

담장 너머 주홍빛
능소화 새댁 수줍은 마음 안고
시 낭송을 사랑하는 발걸음,
사뿐사뿐 꽃잎마다
꽃길 사연이 피어납니다.

어쩌면 좋을까요.
서방님 따라 나선
첫 꽃가마 멀미처럼
당신께 꽃분홍 순정을
여기저기 흩뿌립니다.

붉은 소망은 달이 되고,
장미가 될까요.

시 낭송, 청아한 그대 목소리
설레는 어여쁜 꽃등 되어
피고 지는 우리들 이야기.

꽃물결에 일렁이는
시 낭송이여
오늘도 내 마음의 봄이 됩니다.

당신은 알까

청순했던 날들은
저만치 물러간 걸까요.
애틋하고 수줍던 마음은
이제 별이 되어
사랑의 시 향기 되어 맴돌아요.
콩잎 콩알—
조용한 그 속삭임이
오작교를 잇는 그리움입니다.

당신은,
과연 알까요...

꽃씨처럼 작은 말씨가
얼마나 곱고 따스한지
그대 입술에서 피어난 말들은
꽃이 되고,
그 꽃은
당신의 마음이 되지요.

풀꽃처럼 다정히 웃던 그 얼굴,
그 미소 하나에
흩어지는 아픔도 잊습니다.

나는 오늘도
꽃 궁에 들듯
당신 향기를 따라 걷습니다.

꽃밭에는
당신의 얼굴이 숨어 있어요.
춘삼월도 아닌데
빗방울에 흔들리는 풀꽃,
그 속으로—
당신은 사라지듯,
남아 있네요.

내 사랑 버들치

그립구나 빙그레 웃던
상쾌한 그대 목소리

활기차게 시작했던 날들
행복을 찾아 헤매다
찌그러진 한낮의 땡볕 속에서
문득, 나는 묻습니다
무엇으로 사는가

그대의 진짜 행복을 믿고
꿈을 먹으며 살았건만
지금은 말하더군요.
"힘들더라…" 내 사랑
버들치 같은 그대의 꿈

화려한 도시의 희비 속에서
씻어내는 눈물의 비움이여
웃을 수 있을까
정녕 멋진 인생이란 게 있는 걸까.
여기저기 숨어 흐느끼는
소중하고 귀한 내 사랑

버들치여 좋은 님이시여.
먼 훗날 나는 말하리라.

비단보가 아니라
자갈 바닥이었노라고
그때, 바들거리던 환희를 기억한다고.

용추계곡 왕꽃 선녀도
반해버릴 만큼
나는 정말 행복했었다고.

사는 것도 힘들고,
웃는 것도 힘들지만
그저 살아가다 보면
살아진다.

견뎌낸 작은 꿈 하나
그게 바로 내 사랑
버들치 사랑, 사랑아
여기 있지 않느냐.

부자가 되고 싶다

살다 보면
살아지는 날들이 있다.

모으고 또 모아도
비어 있는 마음 광주리 끝엔
부엉이 한 마리 고요히 우는 사랑
여름은 뜨겁고 우리 마음도 그렇다.

아픔 속에서도 사랑하며
지는 꽃처럼 다시 피며 산다.
밤하늘 달빛 아래 부엉이 눈동자엔
광복이 춤추고 사연 많은 눈물은
꽃씨 되어 쌓인다.

나는 오늘도 비틀거리는 마음으로
진짜 부자가 되고 싶다.

홍시의 꿈

툭-
익기도 전에 떨어질까 두려웠다.
말없이 웃고 말없이 울며 살다 보니
물컹한 붉은 마음 홍시 하나

풀잎 냄새가 한 끼 만찬이던 날
당신의 향기 내 생의 멋이었다.

꿈은 멀었고 욕심은 넘쳤다.
버려야 비로소 채워지는 걸
늦게야 알았다.

그대는 숨겨 둔 첫사랑
서툰 삶 끝에 나를 익히는 단 하나
이제 조금은 쉬고 싶다.

그래도 믿는다
다시 피어날 내 안의 홍시

| 2부 |

자주빛 연서

01 | 돌꽃이 되리라
02 | 당신만 있으면
03 | 앵두 반지
04 | 꽃잎이 흩날리네요
05 | 늙은 호박
06 | 그대가 온다
07 | 바람이 분다
08 | 연못에는 늘 연꽃이 핀다
09 | 그늘집
10 | 오래된 아까시아 꽃술
11 | 낙동강 너는 말이 없구나
12 | 하눌타리
13 | 목화솜 편지
14 | 자줏빛 연서
15 | 가시의 이유
16 | 섬 꽃
17 | 사루비아꽃을 든 여자
18 | 연보라빛 비단보
19 | 원앙새 사랑

돌꽃이 되리라

돌꽃이 피었습니다
당신을 만난 것이 기적입니다
이끼 젖은 초연 속,
물든 한 송이 돌꽃처럼
마음이 당신으로 피었습니다

기억의 언덕에서
철모 걸린 언덕 저편
노을빛 꽃눈이
눈물 되어 떠오릅니다
그대는 포연 가득한
내 청춘의 꽃이었습니다

찻집 편지
편히 쉬는 돌꽃 찻집에
꽃잎 커피 한 잔 올립니다
유월의 장미 향기와 함께
그대의 하얀 미소가
시간을 거슬러 피어납니다

돌무덤에 꽃 한 송이
궁노루 스친 초연 속에서

나는 오늘도 기도합니다
돌꽃 하나 피우는 마음으로
자유여, 그대로 있어 주오

당신만 있으면

해풍 불던 산길,
비틀거리는 달팽이처럼
당신은 더디지만 단단했습니다.
비탈진 인생길에도
알곡처럼 사랑을 모았지요.

당신만 있으면,
바다는 붉고 산은 노래집니다.

굽은 허리춤 따라
가을 다랑논이 출렁이고
상처마다 핀 기도는
항아리 속 사랑의 소묘입니다.

억새는 춤추고 취꽃은 웃고
소금 뿌린 메밀 꽃섬엔 당신이 있어,
다랑논이 참 곱습니다.

네가 울 땐
노랑 저고리 옷고름으로 웃고,
나는 비스듬히 고개를 떨굽니다.
물든 가을빛에
어떻게 할 줄 몰라 서성이지요.

여백을 꿈꾸는 이 저녁,
눈물은 답을 알고 있을까요.
깊어가는 여정 속,
당신은 노을처럼
빛납니다.

앵두 반지

행복하십니까
빛나는 꽃길,
한 줌의 햇살처럼
샛노란 상추가 웃고 있습니다

꿈결 같은 날
세모시 치마
두 손 곱게 내려
고운 인사로 꽃이 피고
우연처럼 걷는 오늘,
꽃궁 같은 하루입니다

앵두빛 사랑
코스모스가 되고
국화가 되고
꽃바람이 되었습니다
영롱한 앵두 한 송이
그대의 웃음처럼 붉게 맺힙니다

꽃잎이 흩날리네요

그냥 산다는 건 참 아픈 일입니다.
희망 하나 있어야 청춘도 꿈틀거리겠지요.
설레는 꿈 하나, 당신 이름을 물어봅니다.
빨간 단풍처럼 곱게 사연을 담아봅니다.

울긋불긋 별꽃잎 따라 용지 호숫가를 걷다 보면
은행잎은 노랑 사랑, 단풍잎은 붉은 그대 손길
참 고운 가을을 전부 주고 싶습니다.

꽃물 같은 정열 소담한 꿈결 바람에 흔들리며
피고 지는 얼굴들 피는 꽃도 지는 꽃도
바람 불지 않을 때 더 두렵지요.
그래도 우리 잘 살고 있겠지요.
인생 무대 무명배우처럼 덩그러니
들꽃 향기 아닌 척하며 바람을 견딥니다.

순풍이 전부인 줄 알았는데 꽃은 바람에 피더군요.
단풍나무를 보며 앙가슴이 붉게 젖습니다.
꽃잎이 흩날립니다.
당신의 대답 오늘도 기다립니다.
닫힌 마음에 상처는 또 하나의 꽃잎이 됩니다.

늙은 호박

나는 늙은 호박이 되리라
추하게 익어가는 것들 속에도
남김없이 진노란 단맛 남기리니
그 또한 감사한 삶의 흔적이라.

나는 호박처럼 늙어 가리라.
더 진하고 더 노랗게
모든 것을 사랑으로 물들이며.

그대여, 잘 지내시는지.
호박 달빛 되어 행복을 노래하리니,
앞길 캄캄해도
호박 달님이 나를 비추네.

당신의 이름처럼
내 사랑은 잘 익은 늙은 호박,
아름다운 물결로
두 손 모아 한결같이
아낌없이 주리라.

그대가 온다

봄을 숨긴 당신,
입춘 냉이 뿌리 같은 존재인가.

얼마나 길까,
동장군이 다가오는 날,
당신보다 차가울지라도,
불혹을 달구는 일출의 미혹.

여심 불태우듯
불꽃이 바다를 삼킬 때,
그대 온다는 생각에
따스함이 번지는 것,
그것은 뜨거운 불밭임을.

시작은 언제나 힘찬 일출,
갈등과 상처에 멍들어도
저무는 그리움이여.

방울방울 모여 일출의 꿈,
무지개 무대 위 또 다른 불꽃,
붉은 끝동에, 그대가 온다.

바람이 분다

대한독립 만세, 만세, 만세
삼일절 뜨거운 바람이 분다.

봄날 오얏빛 소녀 눈망울 속,
힘이란 무엇인가,
짐인가,
아니,
대한의 행복을 품은 힘이었다.

상처는 진주처럼 빛나고,
당신의 보석은 평화와 번영.
저항은 거대한 힘,
삶은 거칠고 무거워도
꽃바람처럼 궁금한 생명.

벽과 강을 세우고,
사랑하며 태어난 세상,
겁나고 차가워도
조국은 나를 비추는 빛,
은밀히 아름다운 그날.

그래도
다리를 놓고 손을 맞잡네,
동주의 별, 바람 서시 아래서.

따뜻한 매화인가,
삼일절 만세, 꽃물결에
울려 퍼지는 당신의 노래—

소중한 태극기여,
대한민국 만세, 만세, 만세,
뜨거운 애국의 바람이 분다.

연못에는 늘 연꽃이 핀다

어느 순간이
제일 행복했을까
행복했던 열정은 늪 속이런가
사월에는
나도 저렇게 살고 싶어라
행복한 소망을 안고 나를 외친다
내 꿈에 한 걸음 더 다가서는 행진

살아보면 연못에는 한숨
살다 보면 님 늪에는 날숨
일어나는 일들이
최선이고 최악이더라
남는 장사 아니더라도
평생 친구를 얻었으니 참 좋다

하루가 최선이더냐
오롯이 택한 꽃길을
늪 속에 피는 설화 매화 향기
이제는 인생 오춘기 늪 사랑
살아온 날처럼
살아갈 날 또한
연못에는 늘 연꽃이 핀다

세상이 달라 보이나니
하늘이 그토록 파랗고
사람이 좋고 구름이 두둥실
아름다운 하루가 멋지게
늘처럼 힘차게 속삭인다
멋진 인생이다~!

그늘집

호주머니 속 가을을 꺼내어
책갈피 사이 말린다.

가슴 굽이친 초록 잎들은
물기 잃은 낙엽 되어 흐르고,

화려했던 시월의 프롤로그,
해질녘 빛은 눈부시고 도도했지만,

세월의 상처와 싸우는 시인의 고뇌는
늙은 호박처럼 쭈글거려 어둡다.

싸락눈 내리면,
차가운 회한마저도
그 늙은 호박처럼
차디찬 땅 위를 굴러다닐 것이다.

늙고 병든 몸으로 희망을 적는 시인에게
시월은 단단하면서도 부드러운,
익어가는 세월의 맛을 보여준다.

오래된 아까시아 꽃술

행복했나요
꽃향기처럼 드리운 아까시아 술
세상살이 힘들던 날
눈물 위로 다가온
당신은 별, 그리운 만남 하나

청순했던 시절
무엇이든 해낼 것 같던
그때 그 모습 조용히 피어난 기억
꽃잠 속 내 이름에 스며있죠.

숨어 있던 풀잎 사이
희망의 중심에 당신이 서 있습니다.
꿈이 다시 피고 소망이 움트는 날
오래된 얼굴처럼 편안한 향기 하나.

오래된 사랑이여,
오래된 우정이여,
세월이 빚은 아까시아 술이여
그 향기,
잊지 말아요.

낙동강 너는 말이 없구나

팔이 없어도
다리가 없어도
그리도 환히 웃는 너,
숨 쉬는 것만으로 감사하다는 듯이.

늘 불평을 입에 담는 사람,
어두운 표정에 메마른 말들.
그는 왜 행복을 외면할까.

낙동강아,
너는 말이 없구나.
댓바람 속 도라지꽃처럼
기다림도, 그리움도 조용히 피네.

주름진 얼굴보다
감사로 빛나는 웃음이면 좋으련만.
근심마저 감싸 안은 너,
내 삶을 씻어주는 강물이여.

배추를 안은 네 품에서
엄마 냄새가 난다.

은방울꽃 같은 웃음,
푸른 산새 같은 희망을 품는다.

비우고 버려야
꽃비가 내린다.
여백을 채우는 산사 풍경 소리—
잠든 듯 깨어 있는 물고기처럼
강물도 늘 깨어 있으라 한다.

낙동강아,
바람은 엄마의 손길
눈물처럼 흐르며
오늘도 그리운 비를 부른다.

하늘타리

김혜숙

사람의 그릇만큼
세상은 넓어지기도 좁아지기도 한다

후한 이는
바람에도 배부르지만
인색한 이는
빛 속에서도 허기진다

하얀 무명초 틈에 숨은
하늘타리 한 송이
말없이 마음을 익힌다

수많은 그림자 속
문득 피어난 꽃 한 점
눈 밝은 이만이 본다,
정성이라는 이름의 빛을

등불처럼 물드는
하늘 수박빛 그리움

우리는 서로를
감싸며 자라는 덩굴이다

청춘이여,
왜 그리 모른 척 스쳐 가느냐
잊힌 줄 알았던 얼굴들,
인생 책장 사이
잎맥처럼 남아 있는데

목화솜 편지

엄마 냄새 그리운 날이면
오동나무 옷장엔
보름달이 숨 쉰다

그윽한 목화솜 냄새 속
가을국화 같은
엄마 얼굴이 피어난다

가난했던 날들
그 노래 한 자락이
등짝을 덮어 주던 밤

알고는 차마 못 밟았을
저 목화밭 흙길을
오늘은 열두 줄 그리움으로 걷는다

엄마,
그곳은 따뜻하신지요
나는 목화솜 한 줌으로
당신께
사랑 편지를 씁니다

자줏빛 연서

자줏빛 옷고름에
사랑을 수놓던 날
홍가시 품고
그대 품에 안겨 보리라

붉은 밤 물든 마음
가시마다 숨긴 연서
연꽃은 피어도
한 자락 바람 속에 울고 있구나

내 마음 피어나는 건
숨겨둔 순정의 꽃물결
가시 많아 더디게 걷는 길
부디, 지지 마라

연꽃일까, 수련일까
홍련은 웃고 백련은 노래하네
어리연은 춤추고
여왕의 자태는 가시마다 주름살

행운의 가시연꽃이여
그대에게만
홀로, 피어나리라

가시이유

살다 보니 너는 참, 가시 같았다
불붙는 마음으로 그 손을 잡았지만
두려움은 자꾸 나를 밀어냈지
힘들 때마다 나는 가시를 피웠다
울고 또 울면서 가시마다 사랑을 묻었다
미움은 흔들고 슬픔은 지우려 하지만
가시 위에도 피는 꽃이 있다
약한 것들은 천천히 일어나
어느 날은, 가볍게 웃는다
인생은 웃어야 비로소 꽃동산
그래도 아프고 그래도 외로워도
잊히는 것들 사이 나는 오늘도
상사몽 꽃잎을 가시로 두드린다

섬 꽃

연보랏빛 사랑 돌틈 해국처럼
너에게 스며 조용히 피었다
짠바람에 흔들리던 눈물 한 송이
그 사람 때문이었을까
가슴엔 분쟁이 일고
갯바위에 사랑 키우던
갯쑥부쟁이여 부디 가지 마라
온다던 언약은 갯내음 따라 밀려오고
사랑의 향기는 타오르던 불빛 같았다
기다림의 아픔 너는 아는가
만나야 산다 말해도 쓰러지는 빈 가슴
섬꽃 하나 비련처럼 흩날린다
그날이었나 모든 것이 멀어진 날

사루비아꽃을 든 여자

참, 본받고 싶은 사람
삶의 밑줄처럼
고된 체험은
강물 따라 흘러간다

토닥이는 말보다
묵묵히 벽을 허물던
그녀의 사루비아 향기
쓴소리에
두 손 모아 귀를 씻는다

세로줄 마음에도
꽃비가 바람 따라 내린다
세찬 비를 맞던 날들이
문득 아득하다

꽃이 아무리 곱다 해도
너만큼 곱진 않지
곡선처럼 감싸는 목소리
직선처럼 날아든 눈빛
아미새 눈물 같은 꽃가루여

머물 수 없는 시절
그녀는 노래처럼
위안이 되어
사뿐사뿐
꽃길을 걸어간다

연보라빛 비탄보

너를 사랑하고도
내 멋이 살아 있다
자주빛 갓잎 같은 마음
굳세고 당당하게, 나는 산다

그대는 알까
인생의 알싸한 깊은 맛
가까이 오면 밀어내고
멀어지면 그립다니
사랑이란, 참 묘하지

쓸쓸한 날에도
나는 연보라를 입는다
가기 싫은 진한 갓잎 사랑
익어가는 그대의 사연은
내일의 걱정 앞에서도
웃음으로 페어내는 용기다

괴로움도
어려움도
항아리 속에서 익어가듯

보라꽃 갓옷을 입고
나는 움츠리지 않는다

비단보처럼 넉넉한
당신의 마음으로
한 겹, 또 한 겹
내 마음을 싼다

원앙새 사랑

꽃물결 출렁이던
세월의 강가에서
우린 웃으며 울었지

예쁜 주름살 저당 잡히고
사는 게 눈물이라
조용히 고백했지

사랑은 늘 따로 국밥
하루를 채우고, 또 비우고
고운 정 미운 정
들국화 순정
그대는 나의 원앙이었네

미운 사랑,
그건 사랑이 아니라던데
자존심에 눌린 말 한마디
가슴에 묻은 채
별이 지고, 달이 기운다

정녕, 날 사랑했나요

나는 말하네
그 누구도 당신만은 못해요
이별의 그늘 아래
남의 얼굴에 미련 두지 않기를

두렁두렁 원앙새
텃밭처럼 키운 사랑
봄동배추처럼 소복이 쌓인
당신의 마음엔
햇살이 들기를

아니라, 아니라 해도
이 추운 인생을
견디게 하는 건
오직 당신뿐

사랑은 필연
그러니,
나만 사랑해주세요

| 3부 |

무거운 인생

01 | 시 향기 꽃밭에 앉아서
02 | 분위기 좋은 날에
03 | 봄꽃 진달래
04 | 철교야 잘있느냐
05 | 똥별이 뜬다
06 | 하늘 꽃물
07 | 바닷가에서
08 | 여섯줄
09 | 무거운 인생아
10 | 구절초 한 잎
11 | 비단풀
12 | 젖은 낙엽
13 | 오랫동안 보고 싶다
14 | 시(詩)집오던 날에
15 | 봄 햇살 속으로
16 | 겁먹지 마라
17 | 붉은 단심
18 | 무지개가 보인다
19 | 꽃불

시향기 꽃밭에 앉아서

꽃물결 출렁이는 붉은 날,
그대 얼굴이
꽃향기처럼 춤춘다

비 오는 장날
길모퉁이 버려진 꽃씨 하나
시와 늪, 사랑꽃밭을 향해
조용히 고개를 든다

키 작은 꽃잎 둥근 목소리
그대는
가을의 시향기, 꽃 같은 미소

피고 지고,
지고 피는 시간의 숨결
꽃처럼 착한 건 또 있을까

누구를 위한 향기일까
한참을 수그려
이름 모를 들꽃 바라보다
그대 얼굴 같아
조용히, 오래 바라본다

분위기 좋은 날에

얼굴이 못생긴 날은
꽃모자를 쓰고
그냥 보이기엔 숨겨야만 한다

예쁘지 않은 날엔
억지 미소를 짓는다
그냥 있어도 되는데
가을 향기 속으로
자꾸만 물들어 간다

못나도 좋아
예쁘지 않아도 좋아
나를 사랑하는 날
분위기 좋은 오늘,
아픈 사랑을 붙잡고
홍주 한 잔에 그린다, 사랑을

봄빛 진달래

봄빛 참꽃 분홍빛 마음도
진달래 연모에 툭툭 쓰러지네

비단 같은 분홍 입술,
애타던 그 시절,
사랑의 환희였으나

꽃잎 흔드는 봄소풍,
봄은 여인의 향기,
연분홍 그림 속 꽃궁에
고운 봄날은 참 좋았는데
젖은 꽃망울은 떠나가네

어느 멋진 영화 속 봄꽃 향기처럼
설렘과 고마움에 허기진 마음
너에게 전하는 반가운 소식들
봄꽃 같은 청춘, 빈 둥지에
연분홍 진달래
비련의 꽃무더기 뒷자락,
꽃구경하느라 바쁜 걸까

진달래 홍빛 꽃잎,
짧은 날 아쉬워하며

사랑 꽃 필 때
꽃샘바람 꽃비가 후두둑,
슬픈 정 뿌리며 돌아선다

철교야 잘 있느냐

피와 고름에 잠긴 산하
청춘은 푸르게 스러졌다
누가 기꺼이 목숨을 던졌던가
조국 앞에선 침묵조차 사치였다

낙동강 철교야, 너는 알고 있지
폭음 아래 쏟아진 결심의 눈빛들
붉게 흐르던 물결 속
우리는 울지도 못했다

내가 아니면 누가 지켰겠는가
피눈물로 얼룩진 강바람
살고 싶었으나 살아낼 수 없던 날들
조국이여, 내 심장을 가져가라
두 번 다시 피비린내 없는 나라여야 하니까

철교야, 잘 있느냐
네 아래 흐르던 푸른 물결 그립구나
전쟁은 너무 컸다
너무 시렸다
너는, 반드시 기억하라

똥별이 뜬다

노란 비단보 위에
똥별 하나 떨어진다
향긋한 오월의 숨결 속
애기똥풀이 피었다
너는, 내가 만난 가장 눈부신 이름

사랑은
상처 입은 진심 위에 피는 꽃
지친 하루가 노란 꽃잎에 기대고
알면 다칠까 두려워
모르게 주고픈 마음
주어도, 또 주고픈 마음

지나간 사랑이여
가슴이 춤추는 이 순간이
어쩌면 마지막 기적

묻지 마라
인생은 금방이란 걸
피고 지는 리본 별,
미안한 이름 하나 가슴에 남겨
냉이처럼 순한 사랑이
불쑥, 다시 피어난다

하늘 꽃물

잘해줘도
소용없던 날이 있었다

분홍빛 참꽃 마음,
진달래 연모처럼
툭툭 무너졌다

비단결 봄 입술
사랑은 환희였고
흔들리던 꽃잎은 봄 소풍 같았지
연분홍 궁전 같은 그 봄날
참 좋았는데
꽃망울 속 꽃물은 떠나갔다

어느 영화처럼
봄꽃 향기 속 잘 살고 싶었다
설렘과 고마움 사이
허기지는 청춘이
반가운 소식만 전하길 바라며
진달래 꽃무더기 뒤편
비련의 꽃잎 흩날린다

홍빛 꽃잎이
짧은 봄을 아쉬워하고
사랑이 한창일 즈음
꽃시샘 비가 내렸다
후두둑,
슬픈 정을 뿌리며 돌아선다

바닷가에서

불쑥 다가온 사랑
꽃잎 피던 어느 날
노랑나비 꽃밭을 맴돌고
조용한 바다에 마음을 두었지

소나기 지난 마음에
단단히 울타리를 치고
무지개 하나 품었네
기울어진 삶의 자세마저
그대 바닷가에서 잠시 쉬었다

거친 말과 생각들은
여름 장미처럼 불타고
희망은 파도 소리에 스민다
오르지도 못하고
내리지도 못하는 바다여
그래서 더욱 깊어지는가

가진 것 없어 더 넓은
바다의 꽃물결은
지친 마음의 앙탈이었지

무심했던 꽃잎 하나
사랑하게 되었다
그렇게 맺어진 끝 사랑도
순리대로 살아가자며 속삭인다
내 마음, 별꽃 바다가 된다

여섯 줄

시련이 닥칠 때마다
웃음으로 넘기던 너
재산보다 귀한 성격은
명랑이라는 이름의 사랑꽃

그 웃음은 음지에서 핀
양지의 여섯 줄 거문고
시련을 튕겨낸 희망의 선율

절박한 삶 속에서도
그저 웃으며 버텨온 너를
나는 오늘도 배운다

역경을 삶의 경력으로
물들여 인내의 빛깔로 칠하니
인생아, 오늘도 웃으며 가자

무거운 인생아

아버지에게 눈물은 없다
가슴에도 없다
진흙길을 걷는 삶 위로
이슬방울만 동무하네

돌꽃처럼 피고 지는
무궁화의 애환 속
아버지는 무겁다

산과 들의 아버지 꽃
모른 채 살아온 세월
인내는 늘 쓰리고
외로움은 무채색이다

고인돌 같은 얼굴에
고생이 파묻혀 빛이 없다

무거운 인생아
다시 피어난다
바람에 흩날리는
아무도 모르는
돌덩이 마음 깊은 틈새
그 사이 꽃 한 송이

구절초 한 잎

얼마 안 남았는데
자꾸 아닌 척 하네
나도 피어나고 싶다

갈 날이 얼마나 될까
두려움이 한 잎인가
이슬 머금은 구절초 사랑

후회는 없다
말없이 추억의 꽃길
그냥 떠나리라

아파도 울지 마라
한 잎 진 자리에
들꽃 향기 오래 머문다

흘러가는 사랑은
구절초 꽃잎 한 장
그리움으로 흩날리는 가을 언덕
붙잡고 싶은 그 길에
나는 오늘도 안기고 싶다

구절초 흩날리는 날
청아한 인연으로 기억되길
"꿈을 아끼지 마라"
노을 속 붉은 꽃이 속삭인다

비단풀

떨어지지 말자고
흩어지지 말자고
붙어 있어야 한다고 말했다

혼자선 설 수 없어
땅의 온기에 비단을 깔고
풀잎들은 고요히 춤춘다

사는 게 녹록지 않아
두렵고 힘든 날에도
사랑하며 살아가리라
비단풀 꽃잎차 풀향 정처럼

머나먼 곳에 있다 한들
어찌 그리 눈물일까요
허리 숙여 그대를 봅니다
어릿광대꽃 같은 비단풀처럼

시 한 줄 몰라도
온몸으로 맞이하는 사랑님
그 마음, 참 고맙습니다

젖은 낙엽

아름다운 날이 흩날리네
인연의 꽃잠 속
당신 때문에 살고 싶던
간절한 소망은
노을빛 뒷자락에 걸린다

정답던 이야기들
가슴에 가득하지만, 외로워라
사랑했기에 더 애틋한
나무들 하나둘
마음을 비우는 걸 보며
서쪽 하늘을 따라가네

젖은 낙엽, 별빛처럼 흔들리며
이젠 안녕을 준비한다

사루비아 붉은 사랑이여
강하게 안아준 그날들
꽃날을 지우는 낙엽 사랑
지울 수 없는 그 이름,

잘 가라
가을 단풍, 너의 꽃
못 잊어 오늘도
가을이 내 마음을 쓸어내린다

오랫동안 보고 싶다

그냥 말해버릴걸,
오랫동안 보고 싶었다고.
수줍은 침묵 사이로
고개 숙이던 당신의 눈빛이
다른 곳을 향하는 순간,
나는 비로소 잊힌 꽃이 되었다.

다호리 꽃마당,
활짝 웃는 작약 너머
그늘처럼 길게 드리운 그리움.
말 못할 사연들은
입꼬리만 살짝 올리고 웃는다.

숨긴다고 모를까—
수줍음은 사랑이 피어나는 법.
미움보다 두려운 건
다가가지 못하는 마음,
오월의 햇살 따라 달려가는
모란 같은 그리움.

작약은 오늘도

말없이 웃을 뿐,
이름조차 부르지 못한 채
가는 길목마다 붉게 피어나고

떨어질까 아쉬워
머뭇대는 꽃잎 하나.
이슬 한 방울 내려놓고
그저, 또 하루를 웃는다.

시(詩)집 오던 날에

한 움큼 사연들이
꽃구름 되어 날아온다
비단 실타래 위에
고이 내려앉은 꽃마음 하나

시는 밥이 되지 못하더라
평생을 가난하게 살아도
온 존재를 다 던지는
그대여, 내 사랑이여

누가 알아주지 않아도 괜찮다
보잘 것 없는 재능이라 해도
시의 향기는 마음을 부유하게 해주는
아름다운 꽃병이니까

절대로 가지 마라
구름 따라 울려 퍼지는 들꽃 시
가난한 삶 속
유일한 사치는 바로 너

눈물처럼 많았던 꿈들이
이 작은 책 속에 피어난다

詩집 오던 날
봉긋해진 가슴에 사랑이 스며
잊혀진 여인의 노을진 마음
다시 시작되는 꿈
詩작이 되어 노래가 된다

아슬아슬한 인생에게
전화를 걸어본다

인.생.아... 여.보.세.요...

세상이여,
꽃잎 같은 뒷모습을 남기고 싶다
담백하고 담담하게
믿음의 풍경을 그려보리라
오늘, 너는
내 삶의 전부이니까

봄 햇살 속으로

마음엔
꽃잎 같은 날들이 산다
피곤해도 함께 걷는
멋진 봄의 길

사랑하면 보인다
아픔도, 아름다움도
이제는 봄마음으로 느껴진다

진정한 새봄은
진심을 담은 사랑이어라
단 하나의 봄꽃처럼 아끼는 너
언제까지나
기다리는 봄빛이 되어

나이를 먹어도
사라지지 않는 감정 하나
고백처럼 고마움이 피어난다

설렘과 추억은
그리움과 망설임이 되어
소소한 풍경에 걸터앉는다

햇님은 노래하고
달님은 곡을 붙인다
행복이라는 이름의 세레나데

망설임 없는
봄 햇살의 노트 위에
달래장 냉이꽃, 너의 인내가
첫사랑의 기쁨처럼
내게 피어난다

겁먹지 마라

환경을 탓하지 마라
삶은 도전할수록 반짝인다
왼손의 M자 손금처럼
행복과 행운의 문도
활짝, 힘차게 열린다

결국 희망은 다시 온다
베토벤 교향곡 5번처럼
운명을 설렘으로 노래하리라

정동진 붉은 일출처럼
오늘은 희망이 솟는다
기분 좋은 아침이
심장을 두드린다

그대여 겁먹지 마라
마음에게 지지 마라
두려움은 인생을
슬프게 만들 뿐이니까

잘 될 거야 잘 될 거야

소리쳐라 소리쳐라
끝까지, 소리쳐라

붉은 단심

사랑아, 솟아라
매화 아씨 붉은 댕기처럼
곱게 물든 그리움이 시작되네

붉은 단심, 그대의 모습으로
멍든 가슴에 스며든 얼굴
기다림으로 조여매는 내 사랑이여

저기 저 일출은
돌아갈 수 없는 나를 알까
살아온 것처럼,
또 살아가야지

당신은 나의 희망꽃
피고 또 피는
처음처럼,
다시 처음처럼...

무지개가 보인다

인생은 무지개 마음일까
가슴엔 오늘도 조용한 비
웃고 있어도 눈물 나는 날,
비틀거리며 걷는 길 위에서
삶의 디딤돌이 그리워진다

두 볼 붉게 물든 상사몽 꽃잎
중심을 잡으려 애를 써보지만
아슬아슬 돌틈 사이
미완의 날들 위로
무지개 꽃불이 펄럭인다

첫발은 떨리지만
도포자락 휘날리며
폴짝, 다시 삶은 시작된다

한 발짝 넘어지면 어때
일어서면 내가 잡아줄게
눈물로 채운 성공의 무지개
그 환희에 박수를 보낸다

굽은 인생길 돌아서면
흔들리는 돌다리조차 다정하다
쓰러지지 않으려
희망의 손을 건네는 내 님

아기들 웃음소리
주춧돌처럼 단단하게
찬란한 햇살을 피워 올린다
오늘도, 무지개가 보인다

꽃불

얼마나 서러웠을까
꽃나이로 흩어지던 날
너무 짧아 흐느끼던 꽃불
그날의 함성이 들리는가

삼일절, 온 누리의 만세삼창
눈물로 말라버린 목청
나라사랑, 애국의 이름 아래
모진 고문을 견뎠던 흔적
저 바람은 알고 있을까

꽃잎은 쓰러져도
그 숭고함은 남는다
태극기에 스민 연분홍의 소녀
그 가슴에 피어난 아픔
하늘에서 쏟아진 꽃비가
눈물처럼 떨어진다

기억하라
꽃당신, 당당한 조국의 맹세
사무치게 그려보는 태극기여

부는 바람 속에 흩날리는 낙화
항거의 꽃불은
아직도 피고 있다

잊었는가
모른 척할 수 없는 이름
애국이 피어나니 조국이 웃는다
삼일절, 대한민국의 참사랑이어라

4부 |

하얀 그리움

01 | 이슬에 맺힌 낮은 사랑꽃
02 | 양귀비 꽃이 필 때
03 | 꽃님
04 | 찔레꽃
05 | 7월의 붉은 여름
06 | 바람을 안고 자는 하루
07 | 달아
08 | 연한 사랑으로
09 | 가을의 고백
10 | 추명국

11 | 안개꽃 하얀 미소
12 | 하얀 그리움
13 | 첫눈처럼
14 | 은행나무
15 | 젖은 낙엽
16 | 시절 인연
17 | 오랫동안 보고 싶다
18 | 여보세요
19 | 무명초 인연

이슬에 맺힌 낮은 사랑꽃

자욱한 꽃빛 안개 속
홍자색 꽃잎, 그리움의 행진
키가 작다고 사랑을 못하랴
가까우면 밀어내고
멀리서야 비로소 보이는 당신

그대는 오월의 축복, 자운영
논두렁 꽃밭에 앉아
구름처럼 머물다 가는 포근한 사람
토끼풀 친구들과 어울려
논바닥 가득 퍼진 자줏빛 희망

사라지지 마라, 사랑아
그대 사랑인가
부끄러워 달아나던 남새밭 골목
끝없이 물결치던 자운영의 속삭임
오월의 꽃점, 꿈이었는가
내 님의 꽃잠, 조용한 행복이었는가

그리움 젖은 눈물 속
한없이 피어난 자운영 무더기

잘 익은 자줏빛 별빛이
시처럼 고운 고향 밥상 위에 앉는다

인생이란, 자운영 한 송이
불처럼 타오르다
풀처럼 사라지는 사랑의 꽃

양귀비 꽃이 필 때

간다고 잊혀질까
너 하나만 사랑했었다
세월 속 무엇을 채웠는지
비워지는 등에 피어난 양귀비 —
붉은 눈물로 내리는 꽃비 속
소중한 너, 자꾸만 멀어져 간다

좋아할수록 아픈 욕심이 생기고
잊으려 할수록 마음은 더 붉어지네
간절할수록 깊어지는 사랑의 꽃심
혼자 걷기엔 먼 길일 텐데
함께라면 서로를 더 닮아갈 텐데

소중한 너의 곁으로
구불구불 살아온 양귀비 같은 삶
조심스레 건네본다
꿈을 심고 추억을 묶고
정말로 행복해지자고
주어지지 않는 사랑을
다시 애원한다

만들어 가면 되는 걸까
너는 내 등대, 희망의 꽃
양귀비처럼 짧아도 눈부신 사랑
서로 다른 길 위에 서 있지만

꽃이 졌다고 너를 잊을까
그건 긴 사랑이었으니
오래도록 가슴에 남는 하나의 꿈이여

곱게 물드는 노을빛 언덕 너머
양귀비 꽃 피는 그 계절
나는 오늘도
너를 기다린다

꽃님

오랜 세월 지나야
진정한 벗을 안다고 했던가
시간은 또 무심히 흘러가고
내 곁엔 꽃잎 같은 이들만
하나둘 흩날려 사라진다

붉은 술 익어 가듯
작약과 모란 사이로
언제나 변치 않는
정(情)을 갈망하던 그날들

꽃 그늘 아래, 능소화가
편지를 쓴다 —
달빛이라 부르던 밤에도
꽃들의 전쟁은 사랑스럽고
흉한 바람은
시향기에 물러가길 바란다

하얀 꽃잎은
짙은 자줏빛 꽃님인가
피었을 땐 눈부시도록 찬란했건만

바람에 뚝뚝 떨어지는 모습은
애달픈 삶의 한 조각 같다

쉽게 포기하는 듯
다시 또 기약하며
작은 양보로 남겨진 자리

인생이라는 소풍의 한 페이지
내 사랑 꽃 뜨락 위에선
하롱하롱 떨어지는 낙화조차
멈춰 서길 바란다

시가 꽃님 사랑을 수줍게 춤추며
말없이 다가온다

찔레꽃

살다가 미련 남아도
슬퍼도 웃음 뒤에 숨은
말 못 할 추억들은
여삼추처럼 길게 흐른다

하얀 얼굴에 붉은 실처럼
노을빛 찔레꽃이 물들고
꽃들은 수없이
그냥 웃고 있을 뿐이다

잊히지 않는 찔레꽃
가는 날은 또 얼마나 될까
꼭 붙잡아 앙탈하지만
바람은 모른 척
저만의 노래를 부른다

할 말이 뭐 있겠냐만
오늘도 그날처럼
찔레는 그리움으로 진다

7월의 붉은 여름

나이가 들어도
그대는 여전히 청춘이다

지나간 꽃자리 위에
달무리 춤추는 검정 줄치마처럼
삶의 아픔과 충치는
달콤한 웃음으로 스며든다

인생은 산이기도 하고 강이기도 하니
비 오는 날도 있고
태풍 속에서 피는 황홀한 고백도 있다

씨 없어도 잘 익은 붉은 여름,
무르익지 않아도 괜찮다
마음 한켠에 묻지 말고
그대 빛나게 담아두길

뒤돌아보지 말고
둥근 사랑으로 앞을 보라
그대 마음속 여러 빛깔 감성은
수박처럼 싱그러운 청춘을 노래하리니

바람을 안고 자는 하루

작은 별 하나가
늘 달의 그림자를 좇는다
내 눈이 내 눈썹을 못 보는 날,
모진 비바람은 어느새 꽃이 되어 핀다

여유로 다가가고
낭만으로 받아들이며
서운함보단 다정함으로
사랑의 눈으로 바라본다

희망이 저만치 물러날 때
짧은 한 마디가
내 안의 불씨를 다시 지핀다
삶은 결국,
가장 어두운 자리에서 꽃을 피운다

바다를 건널 수 있을까
장미는 가시 위에 피어난다 했던가
아픔 많은 땅 위에
더 고운 꽃이 자란다
지독한 바람, 거센 폭풍 또한
숭고한 사랑의 다른 이름일지니

굽은 허리를 더 낮추어
상처를 닦고, 눈물을 품으리라

오늘 하루,
나는 바람을 이불 삼아 눕는다
억센 풀잎의 숨바람 속에
사랑의 힘을 믿는 밤이 오리니

달아

청개구리 웃는다
비도, 밤도 아닌데
아버지의 달
풀잎 틈으로 내려온다

묘역엔 잡초의 불빛
맵다, 달빛에 찔린 마음
노랑나비 한 점
수풀 웃음 위로 떠오른다

말 없이 흐르는
아버지의 강
무명초는 고개를 떨구고
청솔가지도 바람을 본다

까치 울음 그치자
달의 꽃비가 쏟아지고
해바라기 둔덕엔
처서의 입김
옻처럼 붉은 그리움 묻어난다

연한 사랑으로

진하면 헤어진다는 것을
연해야 사랑도 오래가더라
향기가 짙을수록 가슴이 아프고
멀어지면 강가의 눈물이 흐른다

진할수록 두려워지는 마음
너는 그래도 소중하니까
연하게 잘 살아가야지
짙은 향기는 독초의 두려움
연한 사랑으로 멀어지지 마라

가을의 고백

가을이면
붉은 꽃이 핀다
그 꽃 다 모아
그대 손에 쥐어주고 싶다

사랑꽃 김밥 싸들고
소풍처럼, 그대 곁으로
노래 한 곡, 마음을 불러본다

길 위에
익숙한 뒷모습 스치면
괜히 발을 멈춘다

풀잎 향기 묻은 그대여
흔들리며 피어난 이별이
아직도 내 안에 산다

가을의 고백,
당신은 들었는가

추명국

어머나
가을바람이 웃네요
꽃잎 하나, 달빛으로 젖어
그대 창가에 물듭니다

연정처럼 스며든 마음
슬픔보다 더 조용한 떨림을
작은 손에 살며시 올려봅니다

가을이 누운 자리
한 줄 시처럼 눕습니다

붉은 등잔 아래
국화는 부끄러운 이름을 피우고
당신이라 부르는
바람, 그 속삭임
추명국

안개꽃 하얀 미소

눈물도 바닥났다
가슴도 멈춘 줄 알았다
가시에 찔려 쓰러진 바닥
그곳에,
한 송이 안개꽃이 피었다

한때 양탄자 같던 시간도
지금은 나락의 끝이지만
더 내려갈 곳이 없다면
이젠, 오르는 일만 남았으리

희망은
안개처럼 흐르다 스며든다
눈물보다 맑은 용기,
슬픔보다 환한 재시작

안개꽃은
바닥에 떨어진 별빛
영혼을 적시는 이슬 보석

넘어진 자리마다

미래의 등대 하나씩 피어나고
몽글몽글 피는 그리움,
그 언덕 너머에서
행운이 손을 내밀리라

힘내자,
너는 안개꽃—
고요히 빛나는, 바닥의 기적

하얀 그리움

지나치지 말라고 했다
서리태 콩대 위로
붉은 단풍이 응달을 드리울 때
큰딸처럼 무너지는
폭설의 날이 있었다

하얗게 우는 건
그저 서운함이었다
그대 그리워 쌓이는 눈발,
메줏덩이처럼 속절없이 무겁고

지켜주지 못한 말
입술 끝에 맺힌
하얀 한숨이 된다
눈밭 위, 상추 겉절이 같은
내 가슴은 뜨거웠다

삶은 때로 수포처럼 횡 돌지만
냉이 뿌리에도 꽃은 핀다
넘어져도 일어서겠다고
옹기 깊숙이 메주를 띄운다
그 뜨끈한 정이 다시 피어난다

폭설을 품은 콩이
봄을 익히듯
창밖엔 함박눈이 내리고
그대 향한 추억은
눈 속에서도 손짓한다

첫눈처럼

잘해보고 싶었다
다 될 거라는 외침 속
무대의 불빛은
초승에서 그믐으로 기울었다

연습 없는 생의 수레는
쉼 없이 굴러가고
비워진 자리엔
보름처럼 가득 찬 그리움
너는 어느새
첫눈으로 내려앉았다

차고 기우는 달빛 사이
샛별 하나,
혜성처럼 마음을 스친다
바위도 뚫는 낙수처럼
고요한 꾸준함이
내 안에 은방울로 맺힌다

첫눈처럼 살아가고 싶다
스치는 아픔보단
스며드는 따뜻함으로

새해 첫날 창문을 여니
포근한 설국이 웃는다
내 사랑,
첫눈처럼 너에게 다가서리라

은행나무

사랑이었을까
금빛으로 떨어진 말
지지 않는 봄
그 속엔 오래된 인내가
나이테처럼 겹겹이 물든다

고약한 기다림 끝
강물은 뒤돌아보지 않는다
꽃보다 환했던 그 시절
발자국만 남긴 채
대답 없는 길을 걸어왔네

노란 비단 같은 오후
다정한 얼굴 하나
금방울에 스민 목소리
그때 그대는 기억할까

은행잎 흩날리는 길
노란 우산을 접고
손 흔들 듯 멀어지는
금가락지의 계절

젖은 낙엽

노을 끝자락,
흩날리는 꽃잠 위로
당신이 있어
살고 싶던 하루였다

말 못한 마음,
가슴 깊은 골에 쌓이고
사랑했기에 더 쓸쓸한
나무는 잎을 떨구며
하나씩 자신을 비운다

서쪽 하늘 매달린
젖은 낙엽 하나
별빛처럼 흔들리다
이젠, 안녕이라 속삭인다

사루비아 붉은 숨결
마지막 껴안음처럼 뜨겁고
지우지 못할 이름이
바람에 지워진다

단풍의 이별이
가을을 쓸어내린다
그 꽃, 그대였다

시절 인연

진정한 이해란 무엇일까,
꽃처럼 피는 우정의 마음—
벽난로 불빛처럼
가까이도, 멀지도 않은 거리에서
온기를 나누리라.

인연 아닌 그대여,
아무리 애원해도
바람은 결국 떠나가고,
내 곁에 머무를 사람은
시간의 손길로
어느새 남아 있으리니.

늘 배려로,
깊은 사랑으로 남아
가는 이는 잡지 않고
오는 이는 막지 않으리,
만남과 이별 모두
몸처럼 소중한 시절의 인연.

때가 되면 가고 오니,
그리하여
시절 인연의 정인이리라.

오랫동안 보고 싶다

그냥 말하지,
오랫동안 보고 싶다고.
부끄러워 고개 숙인 채
다른 누군가에게
다정한 눈길 건네는 듯
숨죽인 당신.

어여쁜 작약꽃,
다호리 꽃밭에 웃음 뒤로
긴 그림자 드리우네.
말 못할 마음으로
조용히 미소 짓고 있구나.

숨겨도 알까,
수줍은 사랑의 꽃피움,
두려움 속 모란이
오월의 꽃길을 스치면,
작약은 소리 없이
그저 웃을 뿐.
내 님 곁에 갈 수 없음을.

길 위에 작약송이,
보고 싶어 떨어지기 아쉬워,
이슬방울 한 방울 남기고
오늘도 그저 웃는다.

여보세요

뒤뚱이며 걷던
추억과 기억들,
오늘은 반짝이는
낯선 구두처럼 서늘하다.

힘들지 않은 척,
살아온 내가 밉고,
우정이 무너진 보증서처럼
마음도 무너졌다.

그래도 분다, 분다—
깜짝 놀랄 새 바람,
꽃바람 속을 걸으며
소녀보다 더 순수한
나의 시작에 박수를.

생긋 웃는 얼굴,
당신의 미소에,
내 웃음이 태어나고,
웃으면 참 좋다.

여보세요,
오늘도 많이 웃었나요?

무명초 인연

춤추듯 스치는 삶,
씨줄과 날줄로 엮은
무명초 한 올—
당신과 나의 인연입니다.

가까이, 더 가까이
행복의 문을 두드리면
사랑의 숨결이
내 마음을 덮어줍니다.

당신은 사랑받을 때 웃고
나는 사랑할 때 빛납니다.
마음이 어긋나면
당신은 이별을 생각하지만
나는 붉은 마음 맞추려
끝까지 함께 있으려 합니다.

수천의 사랑꽃 속에
나에겐 오직
그대 한 송이뿐입니다.

| 5부 |

- 바람을 안고 자는 하루 -

김혜숙 시집
시 해설

| 김혜숙 시집 |『바람을 안고 자는 하루』시 해설
－삶의 폭풍과 바람을 외면하지 않는 내면의 회복 탄력성－
　　　　　예시원(시인, 소설가. 문학평론가)문학박사

김혜숙 시집 <바람을 안고 자는 하루> 시 해설

－삶의 폭풍과 바람을 외면하지 않는 내면의 회복 탄력성－

예시원(시인·소설가·문학박사)

　김혜숙 시인의 시 세계는 고통을 마주하고, 감정을 끌어안으며, 존재를 긍정하는 치유와 회복의 언어로 가득하다. 그의 시는 일상적인 언어와 자연물을 통해 내면의 상처, 상실, 불안, 자존감의 흔들림 같은 인간의 심리적 복합성을 섬세하게 포착한다.
　「분위기 좋은 날에」, 「무청」과 같은 작품에서는 외모와 감정에 대한 자의식, 낮은 자존감, 자기 수용의 과정이 진솔하게 그려지며, 이는 내면의 회복 탄력성과 자아 통합의 여정을 보여준다. 「꽃무릇 편지」, 「섬 꽃」, 「자줏빛 연서」 등은 사랑의 상실과 그리움, 감정 억제와 해방, 애착과 자기 인식의 문제를 중심으로, 고통 속에서도 순수함을 잃지 않으려는 인간의 내면성을 강조한다.
　「하눌타리」와 「은행나무」는 삶과 존재, 시간과 관계에 대한 철학적 통찰을 담아, 타자와의 연결, 자기 성찰, 존재 수용이라는 깊이 있는 주제를 다룬다. 「찔레꽃」은 과거와 기억, 말하지 못한 감정에 대한 노스텔지어를 통해 시간의 비가역성과 인간 정서의 지속성을 말하며, 마지막으로 「바람을 안고 자는 하루」는 삶의 시련과 고통을 피하지 않고 끌어안는 태도, 즉 존재의 불완전함을 사랑하는 성숙한 실존의 자세를 보여준다.

　김혜숙의 시는 상처를 외면하지 않고 시적 언어로 직면하며 승화시키는 과정을 통해, 독자에게도 자기 이해, 감정 치유, 삶의 긍정이라는 보편적 위로를 전한다. 그의 시는 조용하지만 깊고, 부드럽지만 단단하게 사람을 일으켜 세우는 시적 철학의 기록이라 할 수 있다.

　그 오랜 여정의 끝에 세상에 내놓은 그녀의 시집 『바람을 안고 자는 하루』 발간을 진심으로 축하하며, 이제 우리는 그 한 편 한 편의 시 속에 담긴 감정의 결을 따라가며, 시인이 지나온 삶의 시간과 내면의 사유를 함께 거닐어보려 한다.

　이 시집은 단순한 문장의 나열이 아니라, 삶의 상처를 견디며 피워낸 언어의 꽃이고, 고요한 위로와 깊은 성찰이 담긴 마음의 기록이다. 시인의 감정이 고스란히 묻어나는 이 여백 속에서, 우리는 누구나 가슴 한켠에 품고 살아가는 고독과 회복의 이야기를 만난다.

　이제 독자는 이 시집을 통해 자신만의 상처와 마주하고, 삶의 바람을 껴안으며 다시 피어나는 마음의 여정을 시작하게 될 것이다. 시인의 시선과 온기를 따라, 함께 시의 길을 걸어가 보자.

선운사 길목엔
아직도 기다림 하나 붉게 핀다.

어쩌다 그대를 만났는가
가시처럼 솟은 흔들림
그 꽃대마다 말이 없다.
약속은 그대 없는 강물처럼
자꾸만 저무는 빛으로 흐르고,
붉은 눈물만 가슴에 번진다.
또 속였지요 이 가을에도,
당신은 말라가는 꽃잎에 거짓을 심는다.
그래도 속아 주는 내 사랑아
무릇, 무릇 이토록 붉게 물든 마음이면
그게 사랑이지.
잘 살아라. 그 말 뒤에 숨어
나는 다홍빛 언약으로 조용히 져간다.
처음엔 분홍인 줄 알았지
이제야 안다,
당신은 처음부터
붉은 사람이었다는 것을.

    김혜숙 시인의 시 『꽃무릇 편지』 전문

 <꽃무릇 편지>는 김혜숙 시인이 경험한 상실, 집착, 자기기만, 그리고 감정의 승화를 담아낸 작품이다.
 연인과의 이별이라는 현실을 받아들이기 어려워하는 화자는, 그로 인한 감정적 고통을 시적 언어로 표현하며 자기 치유를 시도한다.

시의 배경인 선운사 꽃무릇은 가을에 붉게 피는 꽃으로, 이별과 기다림의 상징으로 사용된다. 특히 꽃과 잎이 동시에 피지 않는 꽃무릇의 특성은 서로 만날 수 없는 사랑을 상징적으로 보여준다.

화자는 떠나간 연인을 그리워하며, 아직도 그를 기다리고 있는 자신의 마음을 고백한다. "약속은 그대 없는 긴 강물"이라는 표현은 지켜지지 않은 사랑의 약속과 끝없는 기다림의 슬픔을 담고 있다.

또한 화자는 연인이 남긴 거짓말과 상처를 인식하면서도 여전히 그를 사랑하고 믿고자 하는 마음을 드러낸다. 이는 "그래도 속아 주는 내 사랑아"라는 구절에 잘 나타나 있다.

마지막 부분에서 화자는 자신의 사랑을 '다홍빛 언약'이라 표현하며, 비록 그 사랑이 돌아올 수는 없지만 가슴 속에 영원히 남아 있음을 인정한다. 이 지점에서 사랑의 아픔이 승화된다.

또한, 떠나간 연인을 부재한 존재로서 느끼면서도, 여전히 그의 존재를 강하게 의식하는 화자의 모습은 하이데거의 존재론, 특히 '현존(Dasein)'의 불안과 그리움을 떠올리게 한다. 상대는 더 이상 물리적으로 존재하지 않지만, 화자의 내면에서는 여전히 강렬히 존재하고 있음을 보여준다.

나는 시래기다.
시리도록 아픈 눈동자여,
나는 나를 모른다.

해도 해도 끝이 없는 삶,
어찌 저리 매달리는가.
버리지 마라.
없어 보인다 해도
나는 있다.

얼마나 큰 태동을
속으로 품고 있는지
모르리라.
무청 시퍼런 이파리
그건 지는 해의 꽃노을이다.

저무는 그리움도
진한 연둣빛으로 남는다.
잘 살고 싶은데
잘 살고 있는 건가.
그래도, 너무 짧은 인생은
아니었기를.

김혜숙 시인의 시 『무청』 전문

<무청>은 김혜숙 시인이 자아의 회복 과정을 섬세하게 그려낸 작품이다. 무청(시래기)은 겉으로는 시든 잎처럼 보이지만, 거친 삶 속에서도 생존하며 결국 식탁 위에서 다시 의미를 얻는다. 시인은 이 무청을 통해 역경 속에서도 다시 일어서는 인간의 회복

탄력성을 상징적으로 보여준다.

이 시는 자기 인식의 혼란, 낮은 자존감, 불안한 애착, 생존에 대한 의지, 회복의 가능성을 담고 있으며, 이를 통해 자기 수용을 향한 심리적 성장 과정을 그린다.

결국 시인은 내면의 상처를 인식하고, 그 상처를 끌어안으며 스스로를 인정하고 치유해 가는 여정 위에 서 있다.

김혜숙 시인의 '시래기'는 일반적으로 쓸모에 따라 평가받는 하찮은 존재이지만, 시인은 그 안에 숨겨진 가능성과 꿈, 생명력을 강조한다.

이는 하이데거가 기술 시대를 비판하며 말했던 '도구적 존재 이해'를 넘어서는 시도로 볼 수 있다. 즉, 인간은 단순히 쓰임에 따라 평가받는 대상이 아니라, 존재 그 자체로 존중받아야 한다는 철학적 인식이 반영되어 있다.

또한 시인은 결국 작고, 시든 존재로서의 자신을 긍정한다. 이는 니체의 '운명애(Amor Fati)', 곧 자신의 운명을 사랑하는 태도와 맞닿아 있다. 초라하고 고통스러운 존재일지라도, 그것을 있는 그대로 받아들이고 의미를 부여하려는 의지가 담겨 있기 때문이다.

이처럼 김혜숙은 상처로 인해 자신을 하찮게 여기던 화자가, 자신의 존재 안에 숨겨진 가치를 발견하고, 삶의 의미를 되새기며 자기 회복의 길로 나아가는 과정을 시적으로 표현한다.

자존감의 회복은 외적인 변화가 아니라, 내면의 인식 전환에서 비롯된다는 사실을 시는 조용하지만 힘있게 말해주고 있다.

사람의 그릇만큼
세상은 넓어지기도 좁아지기도 한다

후사람의 그릇만큼
세상은 넓어지기도 좁아지기도 한다

후한 이는
바람에도 배부르지만
인색한 이는
빛 속에서도 허기진다

하얀 무명초 틈에 숨은
하늘타리 한 송이
말없이 마음을 익힌다

수많은 그림자 속
문득 피어난 꽃 한 점
눈 밝은 이만이 본다,
정성이라는 이름의 빛을

등불처럼 물드는
하늘 수박빛 그리움

우리는 서로를
감싸며 자라는 덩굴이다

청춘이여,
왜 그리 모른 척 스쳐 가느냐
잊힌 줄 알았던 얼굴들,
인생 책장 사이
잎맥처럼 남아 있는데

김혜숙 시인의 시 『하늘타리』 전문

「하눌타리」는 인간의 성격, 정서, 관계, 그리고 자기 회복에 대한 다층적인 성찰을 담은 작품이다. "후한 사람은 늘 성취감을 맛보지만 / 인색한 사람은 먹어도 먹어도 늘 배가 고프다"

이 구절은 성격 특성과 정서적 만족의 관계를 보여준다. 이타적이고 후한 사람은 심리적 충족감과 성취감을 느끼지만, 인색한 사람은 끊임없는 결핍과 불만족을 경험하게 된다. 이는 긍정 정서와 자기 효능감의 차이로 설명될 수 있다.

시인은 삶의 상처와 결핍 속에서도 마음의 눈을 밝히는 긍정적이고 따뜻한 시선, 그리고 인정과 격려를 통한 정서적 성장의 가능성을 강조한다. 또한 자존감 회복, 회복 탄력성, 안정된 애착, 그리고 정서적 자기 치유의 과정을 시적으로 섬세하게 담아내고 있다.

"마음의 눈 밝은 하눌타리꽃" 여기서 '마음의 눈'은 감각을 넘어서는 직관과 통찰의 시선, 즉 사물의 본질을 꿰뚫어보는 인식을 상징한다. 이는 플라톤이 말한 이데아 세계를 향한 철학자의 시선, 또는 하이데거의 존재 진리의 '열림(aletheia)'으로 해석할 수 있다.

이처럼 「하눌타리」는 삶의 태도와 선택, 결핍과 충만, 관계 속 책임, 그리고 시간과 존재의 유한성을 성찰하는 철학적 깊이를 지닌 작품이다.

시인은 평범한 자연물인 하눌타리를 통해, 삶을 인식하는 방식이 곧 삶의 질을 결정한다는 존재론적 메시지를 전한다. 또한 타자와의 관계, 지나간 시간, 내면의 시선을 통해 인간다운 삶의 본질을 조용히 탐구하고 있다.

이 시에서 화자는 정서적으로 따뜻한 관계, 진심이 통하는 공동체, 내면의 충만함과 평화, 삶의 의미를 꿰뚫는 통찰, 그리고 잃어버린 청춘의 순수함을 갈망한다. 이러한 갈망은 현실의 결핍에서 비롯된 그리움이자, 삶을 보다 깊고 진실하게 살아가고자 하는 마음의 표현이다.

연보랏빛 사랑 돌틈 해국처럼
너에게 스며 조용히 피었다
짠바람에 흔들리던 눈물 한 송이
그 사람 때문이었을까
가슴엔 분쟁이 일고

갯바위에 사랑 키우던
갯쑥부쟁이여 부디 가지 마라
온다던 언약은 갯내음 따라 밀려오고
사랑의 향기는 타오르던 불빛 같았다
기다림의 아픔 너는 아는가
만나야 산다 말해도 쓰러지는 빈 가슴
섬꽃 하나 비련처럼 흩날린다
그날이었나 모든 것이 멀어진 날

김혜숙 시인의 시『섬꽃』전문

「섬 꽃」은 감정의 혼란과 갈망, 사랑의 아픔을 섬세하게 묘사한 작품이다. 이 시는 사랑의 갈망과 상실, 내면의 갈등, 기다림의 고통, 비련의 감정을 복합적으로 표현하며, 화자가 겪는 감정적 고통과 심리적 혼란을 잘 드러낸다. 김혜숙 시인은 사랑과 관계에서 경험할 수 있는 다양한 문제를 예리하게 포착해 낸 작품이다.

시에서 "빈 가슴 갯마을 섬 꽃"이라는 구절은 사랑의 결핍과 그로 인한 고통을 강조한다. 사랑이 이루어지지 않거나 상처를 입은 상태에서 사람은 감정적으로 빈 공간을 느끼고, 이를 채우려는 강렬한 욕구를 경험하게 된다. 이 시는 그런 비련의 감정을 표현하며, 애정의 결핍이나 관계의 불안정성에서 발생하는 심리적 갈등과도 연관된다.

시에서 사랑은 "연보랏빛 사랑"처럼 아름답지만,

동시에 "섬 꽃 돌 틈 사이 해국처럼" 고립된 존재로 묘사된다. 이는 사랑이 결핍된 인간 존재의 본질적인 외로움과 고통을 드러내기 때문이다. 사랑은 본질적으로 고립된 상태에서 이루어지며, 인간은 이 고통을 통해 자신과 타자 사이의 관계를 인식하게 된다.

"그 사람 때문일까?"라는 화자의 질문은 자아와 타자 사이의 갈등을 의미한다. 이는 자아의 타자와의 관계에서 인식 문제를 떠오르게 한다. 인간은 타자를 통해 자신을 인식하지만, 그 관계에서 오는 상실과 갈등은 자아를 더욱 불확실하게 만든다. 자아와 타자 간의 끊임없는 상호작용에서 존재의 의미를 찾으려는 시도와 맞닿아 있다.

"섬 꽃"은 사랑, 기다림, 상실, 자아와 타자 간의 갈등을 통해 인간 존재의 근본적인 고통과 불완전성에서 회복을 시도하며 존재를 찾아가려는 작품이다.

자줏빛 옷고름에
사랑을 수놓던 날
홍가시 품고
그대 품에 안겨 보리라

붉은 밤 물든 마음
가시마다 숨긴 연서
연꽃은 피어도
한 자락 바람 속에 울고 있구나

내 마음 피어나는 건

숨겨둔 순정의 꽃물결
가시 많아 더디게 걷는 길
부디, 지지 마라

연꽃일까, 수련일까
홍련은 웃고 백련은 노래하네
어리연은 춤추고
여왕의 자태는 가시마다 주름살

행운의 가시연꽃이여
그대에게만
홀로, 피어나리라

김혜숙 시인의 시 『자주빛 연서』 전문

「자줏빛 연서」는 화자가 겪은 감정의 억압, 상처, 갈망, 회복, 그리고 자기 통합의 여정을 상징적으로 담은 시다. 이 시는 사랑에 대한 갈망을 표현하면서도 상처로 인해 쉽게 다가가지 못하고, 그 속에서 연꽃처럼 피어나는 순수성과 치유의 욕망을 간직하고 있다. 이는 정서적 억제와 방어기제, 자아 성찰, 애착 형성, 그리고 자기 수용을 통한 심리적 성장의 과정을 보여주는 작품이다.

"가시가 많아 더딘 인생이여~!" 이 구절은 인생의 고통과 상처 때문에 회복과 성장이 지연되고 있음을 표현하고 있다. 시인은 자신의 삶이 가시에 찔린 듯 쉽지 않았음을 인식하며, 그것이 내면의 방어기제로 남아 있다는 점을 보여주고 있다. 이는 자존감 손상과 회복 탄력성 저하를 시사한다.

"간절한 바람은 가시마다 / 연꽃으로 숨기고 있구나" 이 구절에서 '가시'는 심리적 상처, 방어기제, 억압된 감정을 상징하고, '연꽃'은 순수함, 사랑, 치유를 나타낸다. 화자는 마음속 깊은 바람과 순정을 가시 속에 숨겨 두고 있는 상태로, 이는 감정 표현의 억제와 관련된 내면 갈등을 보여준다.

"그대에게만 홀로 피어나리라" 이 마지막 구절은 진정한 사랑과 수용을 원하는 대상을 의미하며, 이 사랑이 가시 속에서도 피어나는 자기 존재의 본질적 가치를 바라는 심리적 자기 수용의 표현이기도 하다.

「자줏빛 연서」는 화자가 겪은 감정의 억압, 상처, 갈망, 회복, 그리고 자기 통합의 여정을 상징적으로 담은 시로, 사랑에 대한 갈망과 순수성을 숨기고 있는 내면 갈등을 표현하며, 자아 성찰과 심리적 성장을 다룬 작품이다.

얼굴이 못생긴 날은
꽃모자를 쓰고
그냥 보이기엔 숨겨야만 한다

예쁘지 않은 날엔
억지 미소를 짓는다
그냥 있어도 되는데
가을 향기 속으로

자꾸만 물들어 간다

못나도 좋아
예쁘지 않아도 좋아
나를 사랑하는 날
분위기 좋은 오늘,
아픈 사랑을 붙잡고
홍주 한 잔에 그린다, 사랑을

김혜숙 시인의 시 『분위기 좋은 날에』 전문

「분위기 좋은 날에」는 시인이 겪은 트라우마로 인해 낮아진 자존감과 사회적 기준에 얽매인 자아가, 감정 억제를 통해 자신을 보호하려다 결국 자기 수용과 감정 표현을 통해 회복으로 나아가는 심리적 성장의 과정을 담고 있다. 시인은 일상적인 언어 속에 '외모', '웃음', '사랑', '술'과 같은 상징을 녹여, 내면의 복잡한 정서를 진솔하게 풀어낸다.

"예쁘지 않은 날엔 / 억지로 웃는다"라는 구절은 사회가 요구하는 '밝고 명랑한' 이미지에 부응하려는 심리적 압박을 반영한다. 이는 감정의 억제(suppression)와 관련되며, 자신의 진짜 감정을 자유롭게 표현하지 못하는 정서 통제의 어려움을 시사한다.

하지만, 이 시는 부정적인 감정과 자기 의심을 솔직히 드러내는 동시에, 결국에는 자기 수용과 감정

해소로 나아가는 흐름을 보여준다. "못 나면 어때 / 예쁘지 않으면 어때"라는 구절은 자기비판에서 벗어나 자신을 있는 그대로 받아들이려는 태도를 나타내며, 자존감 회복의 실마리가 된다. 이는 자신을 사랑할 수 있는 강력한 기반이 되기도 한다.

또한 "홍주 한 잔에 사랑을 그린다"라는 장면은 억눌린 감정을 상징적으로 풀어내는 방식으로, 감정을 인정하고 표현함으로써 내면의 정화를 경험할 수 있는 심리적 해방감을 상징한다.

김혜숙 시인은 자신의 약함과 상처를 숨기지 않고, 오히려 그것을 시를 통해 솔직하게 드러낸다. 이러한 진솔한 감정 표현은 독자들에게 공감과 위로를 불러일으키며, 자신의 내면을 돌아보게 하고 감정 치유의 계기를 마련해준다.

결국 이 시는 자기 회복, 감정 해소, 자존감 회복, 진정한 자아 형성 등 심리적으로 건강한 전환점과 성장을 보여주는 작품으로, 독자들에게도 치유와 자기 수용의 메시지를 깊이 있게 전달하고 있다.

사랑이었을까
금빛으로 떨어진 말
지지 않는 봄
그 속엔 오래된 인내가
나이테처럼 겹겹이 물든다

고약한 기다림 끝

강물은 뒤돌아보지 않는다
꽃보다 환했던 그 시절
발자국만 남긴 채
대답 없는 길을 걸어왔네

노란 비단 같은 오후
다정한 얼굴 하나
금방울에 스민 목소리
그때 그대는 기억할까

은행잎 흩날리는 길
노란 우산을 접고
손 흔들 듯 멀어지는
금가락지의 계절

　　　　　　　김혜숙 시인의 시『은행나무』전문

　「은행나무」는 사랑과 기억, 시간의 흐름, 인내와 이별을 주제로 하여 인간 존재의 덧없음과 지속성, 그리고 회상과 치유의 의미를 담고 있는 작품이다. 이 시는 존재에 대한 철학적 성찰과 함께 감정적으로도 독자에게 위로와 자기 수용의 메시지를 전한다.
　"떨어지는 노란 금빛 물결", "대답 없는 길을 걸어왔네"와 같은 구절은 시간의 흐름 속에서 인간 존재가 어떻게 변화하고 사라지는지를 보여준다. 이는 존재는 시간 속에서 드러나며 결국 소멸을 향해 나아간다는 철학적 시선을 반영한다. 그러나 시인은 그 소멸을 단순한 끝이 아닌 "새봄을 잉태하는" 과정으로 묘사하며, 이별과 상실 역시 새로운 가능성을 품고 있다는 긍정적 시각을 제시한다.

"사랑의 인내가 진하게 물든다"라는 구절은 사랑이 단순한 감정이 아니라 시간 속에서 견디고 지속하는 존재 방식임을 암시한다. 이는 인간이 관계를 통해 자신의 정체성을 형성해 나가는 존재라는 철학적 관점을 떠오르게 한다. 또한, "꽃잎보다 더 빛나던 시절아", "노오란 금방울 비단보"와 같은 표현은 과거의 기억이 현재 자아 형성에 깊이 작용함을 보여주며, 기억이 단순한 회상이 아니라 지금, 이 순간을 구성하는 본질임을 드러낸다.

"재미있게 잘 살아가시게", "점점 더 잊혀져 간다"라는 마지막 구절은 이별과 망각을 부정하지 않고 자연스럽게 받아들이는 자세를 담고 있다. 이는 불교의 무상(無常) 사상이나 스토아 철학의 운명 수용과도 연결되며, 삶의 변화와 소멸을 있는 그대로 받아들이는 성숙한 태도를 보여준다.

심리적으로 이 시는 다양한 긍정적 효과를 불러일으킨다. 먼저, 상실과 그리움을 솔직히 표현하면서도 그것을 감싸 안고 흘려보내는 과정은 감정의 정화와 해소를 유도하여 심리적 해방감을 제공한다. 또한 과거의 추억을 아름답게 회상하는 태도는 독자로 하여금 자신의 삶 속 긍정적인 기억을 떠올리게 하며, 심리적 안정감과 자존감 회복에 기여한다.

더불어 이별과 소멸을 받아들이는 화자의 태도는 독자에게 삶의 고통을 수용하고 극복하려는 회복 탄력성을 심어주며, 자기 성찰과 내면 성장의 기회를 제공한다. 시인은 자신의 감정을 억누르지 않고 솔직하게 드러냄으로써, 독자 또한 자신을 돌아보고 감정을 정직하게 마주할 수 있도록 돕는다.

　결론적으로, 김혜숙의 「은행나무」는 사랑과 이별, 기억과 존재를 철학적으로 성찰하면서도, 독자에게는 감정 치유와 자기 수용의 메시지를 전하는 시이다. 이 작품은 삶의 유한함 속에서도 따뜻한 빛과 회복의 가능성을 발견하게 하며, 인간 존재의 깊은 의미를 되묻게 한다.

살다가 미련 남아도
슬퍼도 웃음 뒤에 숨은
말 못 할 추억들은
여삼추처럼 길게 흐른다

하얀 얼굴에 붉은 실처럼
노을빛 찔레꽃이 물들고
꽃들은 수없이
그냥 웃고 있을 뿐이다

잊히지 않는 찔레꽃
가는 날은 또 얼마나 될까
꼭 붙잡아 앙탈하지만

바람은 모른 척
저만의 노래를 부른다

할 말이 뭐 있겠냐만
오늘도 그날처럼
찔레는 그리움으로 진다

김혜숙 시인의 시 『찔레꽃』 전문

「찔레꽃」은 과거에 대한 그리움과 되돌릴 수 없는 시간의 흐름, 말하지 못한 감정과 잊히지 않는 기억을 담고 있는 노스텔지어의 정서를 강하게 품은 작품이다. 이 시는 한 개인의 내면에 남은 사랑, 미련, 그리움의 잔상을 찔레꽃이라는 강렬한 자연 상징을 통해 섬세하게 표현하고 있다.

"잊히지 않는 찔레꽃", "찔레는 그리움으로 진다"와 같은 구절에서 찔레꽃은 단순한 자연물이 아니라 잊히지 않는 사람, 지나간 시절, 깊이 각인된 감정의 상징으로 제시된다. 찔레꽃은 향이 강하고 가시가 있는 식물로, 이는 아름다우면서도 아픈 기억, 즉 기억 속 사랑의 양면성을 상징한다.

"세월이 여삼추로 흐른다.", "찔레는 그리움으로 진다"라는 시간의 흐름 속에서 인간 존재의 무상함과 덧없음을 나타낸다. 이는 불교의 무상(無常) 사상과 연결되며, 모든 것은 끊임없이 변화하고 결국 사라지기 때문에 집착은 고통을 낳는다는 통찰을 바탕으로 한다.

　또한 찔레꽃이 피었다가 지는 모습은 하이데거의 존재론적 사유, 즉 "존재는 항상 소멸을 향해 나아가는 과정"이라는 철학적 개념을 상기시킨다. 꽃이 지듯, 사랑도, 기억도 소멸을 전제로 존재하기 때문이다.

　이처럼 김혜숙의 「찔레꽃」은 지나간 시간, 잊히지 않는 감정, 말하지 못한 사랑의 흔적을 조용하고 담담한 어조로 풀어내며, 노스텔지어의 전형적인 정서인 그리움, 회한, 미련, 시간의 비가역성 등을 통해 깊은 내면 풍경을 묘사하고 있다.

　이러한 시는 독자에게도 자신의 과거를 떠올리게 하며, 감정에 대한 공감과 정서적 해방을 유도한다. 더불어 기억을 다시 꺼내어 그것을 시로 승화시키는 과정 속에서, 정서의 치유, 자기 성찰, 마음의 정리라는 긍정적인 심리적 효과를 제공하는 작품이라 할 수 있다.

작은 별 하나가
늘 달의 그림자를 좇는다
내 눈이 내 눈썹을 못 보는 날,
모진 비바람은 어느새 꽃이 되어 핀다

여유로 다가가고
낭만으로 받아들이며
서운함보단 다정함으로
사랑의 눈으로 바라본다

희망이 저만치 물러날 때
짧은 한 마디가
내 안의 불씨를 다시 지핀다
삶은 결국,
가장 어두운 자리에서 꽃을 피운다

바다를 건널 수 있을까
장미는 가시 위에 피어난다 했던가
아픔 많은 땅 위에
더 고운 꽃이 자란다
지독한 바람, 거센 폭풍 또한
숭고한 사랑의 다른 이름일지니

굽은 허리를 더 낮추어
상처를 닦고, 눈물을 품으리라

오늘 하루,
나는 바람을 이불 삼아 눕는다
억센 풀잎의 숨바람 속에
사랑의 힘을 믿는 밤이 오리니

　　　　김혜숙 시인의 시 『바람을 안고 자는 하루』 전문

「바람을 안고 자는 하루」는 삶의 시련과 상처를 품에 안고, 그것을 사랑과 희망의 시선으로 전환하려는 인간 내면의 심리적 여정과 문학적 사유를 동시에 담고 있는 작품이다. 이는 독자에게 내면의 회복력, 감정의 정화, 타자와의 관계 회복, 삶에 대한 철학적 수용이라는 다층적 메시지를 전하며, 궁극적으로는 고요한 치유와 인간적인 성숙을 이끄는 작품이라 할 수 있다.

"작은 별 하나가 / 늘 달을 따라다니는데 / 내 눈이 내 눈썹을 못 보는 날"

이 구절은 자기 자신을 제대로 인식하지 못하는 혼란의 상태, 또는 자기 이해의 어려움을 암시한다. 이는 외로움과 자기 소외의 감정으로 이어지며, 불확실한 정체성과 존재감 상실을 반영하고 있다.

"모진 비바람은 꽃으로 핀다", "내 삶을 꽃으로 피운다." 극심한 시련 속에서도 자신을 잃지 않고, 그것을 긍정적인 가치로 전환하려는 회복 탄력성(resilience)을 보여주고 있다. 시련을 '꽃'으로 바꾸는 이 시어는 자기 치유와 성장을 향한 강한 내면 의지를 상징한다.

"가시 많은 나무에 장미꽃이 핀다" 이 구절은 고통과 상처가 존재의 일부일지라도, 그 안에 아름다움이 피어날 수 있다는 실존적 진실을 담고 있다. 이는 하이데거의 존재론처럼, 인간 존재는 결핍과 상처 속에서 자기 의미를 형성하는 존재라는 메시지를 포함하고 있다.

"지독한 저 바람 커다란 폭풍은 / 고결하고 아름다운 것이 아닐까" 여기서 시인은 시련과 고통을 혐오나 회피가 아닌, 존재의 일부로 받아들이고 그 의미를 되새기려는 철학적 자세를 취하고 있다. 이는 스토아 철학에서 말하는 '운명애(Amor Fati)', 즉 삶의 모든 것을 긍정하고 사랑하겠다는 사유와도 연결된다.

　김혜숙의「바람을 안고 자는 하루」는 심리적으로는 상처, 자기 회복, 타자와의 공감을 중심으로, 철학적으로는 존재의 불완전성과 그 수용, 고통 속 아름다움의 발견이라는 주제를 담고 있다. 시인은 삶의 폭풍과 바람을 외면하거나 두려워하지 않고, 오히려 그것을 안고 잠드는 하루, 즉 삶 자체를 있는 그대로 받아들이는 존재의 태도를 노래하고 있다.

■ 마무리

　시인의 시는 고요한 강물처럼 흐르며, 상처 입은 마음을 조용히 감싸 안아 준다. 누군가는 말하지 못한 슬픔으로, 누군가는 잊지 못한 사랑으로, 또 누군가는 무너진 자존감으로 하루를 버티고 있을 때, 그녀의 시는 그 마음 곁에 다가와 따뜻한 빛이 되어 준다.

　고통을 피하지 않고 오히려 품에 안고, 삶의 바람 속에서 피어나는 꽃을 노래하는 시인의 문장은 수많은 이들에게 자기 자신을 받아들이는 용기, 그리고 다시 살아갈 힘이 돼준다.

　시인은 세상의 상처를 대신 아파해주는 사람이다. 그리고 김혜숙 시인은, 그 상처를 언어로 승화시켜 독자에게 회복의 온도로 전해주는 귀한 시인이다.

　지금처럼 진실한 언어로, 흔들리는 이들의 마음에

조용한 등불을 밝혀주길 바란다. 그녀의 시는 누군가의 어두운 하루에 '분위기 좋은 날'을 선물하고 있다.

그녀의 시는 단순한 위로를 넘어, 존재의 의미를 되묻고 삶의 고통을 껴안는 용기를 가르쳐준다. 한 편의 시마다 아물지 않은 상처를 껴안은 채 살아가는 이들에게, 조용히 등을 토닥이는 따뜻한 손길이 되어 준다.

이 시집은, 상처 입은 자들이 자신을 있는 그대로 받아들이고, 다시 사랑할 수 있도록 이끄는 치유의 공간이자 정서적 피난처이다.

그녀의 시가 앞으로도 오래도록 누군가의 마음에 닿아, 삶을 다시 믿게 하고, 사랑을 다시 시작하게 하는 언어로 남기를 진심으로 바란다.

이 시집은 단지 시인의 고백이 아닌, 우리 모두의 이야기이며, 그 따뜻한 기록은 이제 독자들의 마음속에서 다시 피어날 것이다.

바람을 안고 자는 하루

김혜숙 시집

초 판 인 쇄	2025년 6월 20일
발 행 일 자	2025년 6월 25일
지 은 이	김혜숙
펴 낸 이	김연주
펴 낸 곳	도서출판 성연
등 록	(등록 제2021-000008호)경남 창원
홈 페 이 지	https://cafe.daum.net/seongyeon2021
사 무 실	창원시 성산구 대원로 27번길 4(시와늪문학관 내)
디 자 인	배선영
편 집 인	배성근
대 표 메 일	baekim2003@daum.net
전 자 팩 스	0504-205-5758
대 표 전 화	010-4556-0573
정 가	15,000원
제 어 번 호	979-11-991649-2-5(03800)

☯ 저자와의 협약으로 인지를 생략합니다.
☯ 이 시집의 전부 또는 일부를 재사용하려면 반드시 지은이와 도서출판 성연에 동의를 얻어야 합니다.
☯ 본 지는 한국간행물 윤리위원회의 윤리강령 실천 요강을 준수합니다.
☯ 파본 된 책은 교환해 드립니다.

이 도서의 출판 예정 도서 목록(CIP)은 979-11-991649-2-5(03800
국립중앙도서관 서지정보유통지원시스템 홈페이지(http://seoji.nl.go.kr/)와
국가자료목록시스템(http://www.nl.go.kr/kolisnet)에서 이용할 수 있습니다.